thanks

成瀬心美

cocomi naruse

文

通学路
文

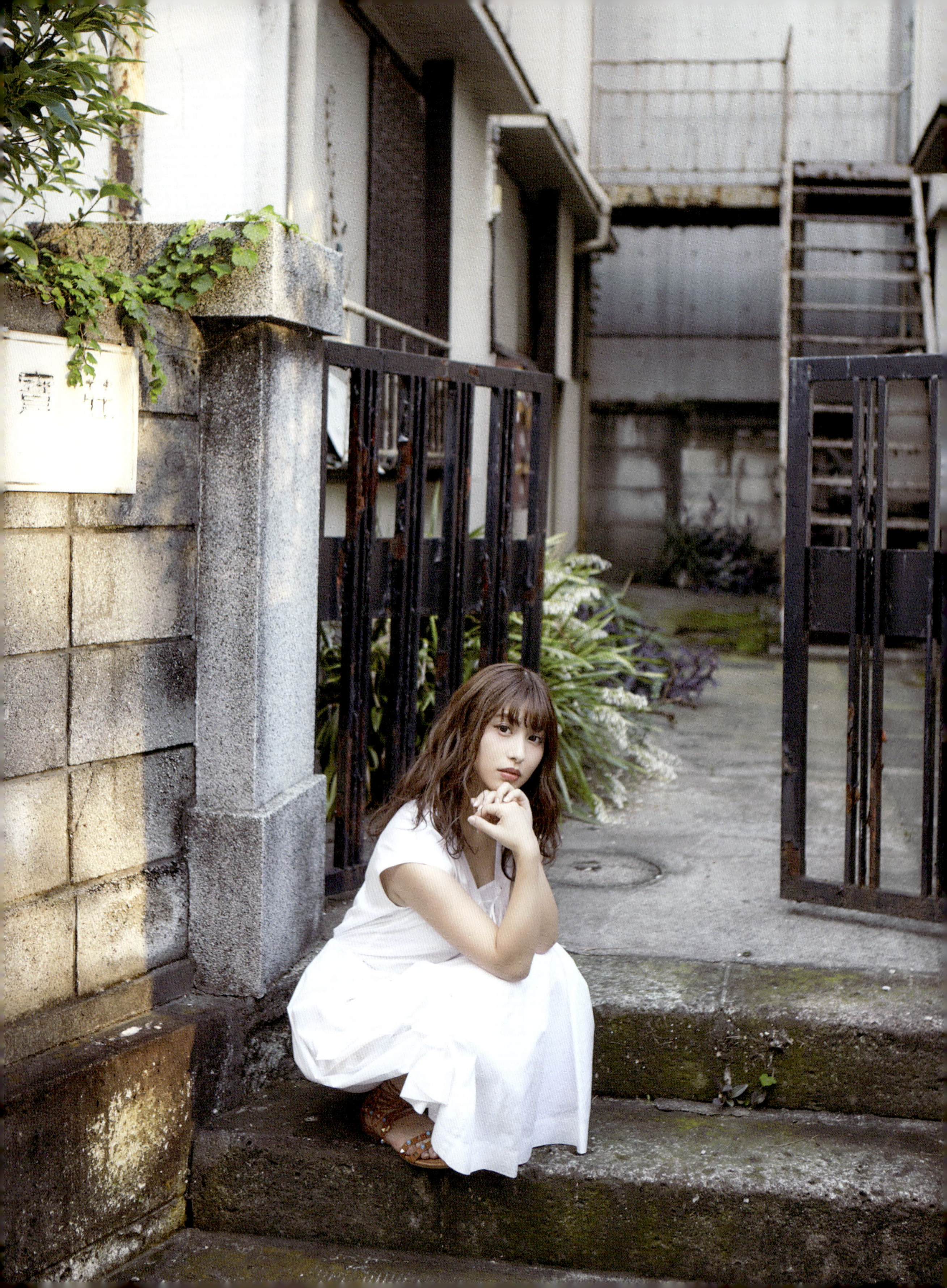

is
woo

THE ROASTERY
BY NOZY COFFEE
COFFEE
THE ROASTERY
BY NOZY COFFEE

THE ROASTERY
COFFEE

WOMEN'S
MEN'S

Boulevard
タバコ、ゴミのポイ捨て禁止!!
ご協力お願いします。
Tailgate

LLYWOOD BOULEV
ATHLETIC

ベースヤード
トーキョー
ベースヤード
トーキョー
NEW OPEN

◆忘れられない「あの瞬間」

夢の瞬間はあまりにも突然だった。

今人気の単体女優たちが綺麗なドレスに身を包む中、私がなびかせていたのは２９００円のドレス。もうやけくそだったのかもしれない。いざステージに立ってみると、緊張と不安で足が震えてしまい、前に進むことができなかった。この日を目指して頑張ってきたはずなのに……。

ドラムロールが鳴ると、会場が静まり返った。誰もが固唾を呑んで見守っている。

運命の時は待ってくれない。そして、ずっと目標にしてきた〝女優賞〟の名前が読み上げられた。

「成瀬心美」

私の名前——成瀬心美が、数多いるＡＶ女優の中でいちばんになった。スポットライトが眩しかった。みんなの声援に包まれながら、次第に頭の中が真っ白になっていく。その後のことはよく覚えていない。ずっとふわふわした気持ちで、受賞コメントや記者会見も自分がなにをしゃべっていたのかわからない。

企画女優が「スカパー！　アダルト放送大賞」で女優賞を獲るのは初めての快挙だった。

休業を経て、デビューから10年。当初は、まさか自分でもここまで来れるとは思ってもいなかったけど、その裏には支えてくれた人たちがたくさんいました。私は、この業界に入って自分自身が変わることができたと思う。昔はコンプレックスだらけだった。そんな自分を受け入れられるようになった。自分のことだけではなく、他人のことも考えられるようになった。

生き方がポジティブに変わると、人は綺麗になる。

昔のポスターに写った自分を見ると、目がキツく、少し怖い表情をしている。がむしゃらで、とにかく負けず嫌いな精神が強かったから。でも今は、たとえメイクを落としても、その頃の顔には戻らない。お母さんからも「変わったね」って言われるぐらい。

AV女優をしていなかったら出会えなかった人たちもいる。ファンの方や事務所のスタッフさん、メーカー、男優さん、いっしょに頑張ってきた仲間たち。そこで、いろんな愛の形があることを知った。だから、歩んできた道に後悔はない。

タレントとして活動する今では、私がAV女優だったことを知らないファンもいるかもしれない。それでも胸を張って堂々と「AV女優でした」と言える。

ただ、さまざまな事情からこれまで話せなかったこともある。決して平坦ではなかったけど、どんなときでも絶対に「ツライ」とは口にしなかった。苦手なことさえ全力で楽しんできた自負がある。笑いあり、涙あり、そんな私の人生を、改めて振り返っていきたいと思います。

◆幼少期

大家族の中で育つ

1989年8月10日が私の誕生日。

でも、デビュー当時はプロフィールに3月3日生まれと書かれていました。実は、最初に間違ったものが掲載されてしまい、そのままになっていたんです。みんなに対して嘘をつきたくないと思っていたから、ずっとモヤモヤした気持ちがありました。

だから、今回は家族のことを含めて、本当のことだけを話していきたい。

私は、5人兄弟の3番目として育った。

両親は九州出身。お父さんが熊本で、お母さんが福岡。お兄ちゃんは今大阪に住んでいるし、皆が私の言葉になまりがあると思うのは、このせいかもね。

九州地方の典型なのか、お父さんが最優先の亭主関白な家庭だった。お風呂はお父さんがいちばん先。ご飯もお父さんが座って全員が揃ってからじゃないと食べない。怖いこともあったけど、子どもたちにはデレデレ。一方で、お母さんはお父さんに尽くすといった感じ。

そんなお母さんの姿を見て育ったから、大人になってから付き合った男性にはビックリされることもありました。私としては当たり前のことでも、世の中とのズレを感じたことも(笑)。

家族の仲は良いと思う。でも実は、家族のことを話すときは、少し胸が締め付けられるような想いもある。自分でも複雑な家庭環境だったと思います。

名字は合計4回も変わった。保育園、小学校、中学校、高校。私の生活には、つねに〝家族の変化〟がありました。

だから、学校の卒業アルバムはすべて名字が違うんです。自分でも、こんな人はなかなかいないと思う。「うちあるある」だと、やたらと印鑑をたくさん持っていて、友達からも「お前の名字、今なんだっけ？」ってよく聞かれた。

育ててくれたお母さんにはとても感謝している。実のお父さんも私のことがめちゃくちゃ好きだったと思う。すごいかわいがってもらった記憶がある。

とはいえ、実際のところ、幼少期は兄弟と過ごす時間が長かったように思えます。

大家族ならではのルールがありました。それは、兄弟が多かったので、上の子が下の子の面倒をみるというもの。だから、お兄ちゃんやお姉ちゃんにどこかへ連れて行ってもらうことが多かった。私も妹や弟の世話をした。両親から直接そうするように言われて、というよりかは、自然とそうなっていきましたね。

ただ、お母さんが離婚して新しいお父さんが来るたびに、兄弟や家族としては難しい部分があったと思う。思春期でしたから。高校受験で「合格したよ」って報告したときも、お母さんからは逆にそのタイミングで再婚を打ち明けられて。どっひゃー、みたいな(汗)。

そんな生活の繰り返しだったから、いわゆる家族としての思い出は少ないかもしれません。ただ、そんな中でもささやかな楽しみもありました。

駄菓子屋に行くのが楽しみだった

お母さんからお小遣いを105円(当時は消費税5%)もらって、みんなで駄菓子屋に行くのが好きだった。なにを買おうか計算しながら。たとえば、いつも60円のゴールドチョコレートが欲しかったんですけど、それだと量がぜんぜん買えない。でも、5円チョコだったら大量に買える、とか。

当時はモーニング娘。が好きだったので、そのトレーディングカードを30円でよく引きました。大きいファイルに入れて、かぶってしまったカードは友達と交換する。

私は、後藤真希ちゃんや、なっち(安倍なつみ)、加護ちゃんのファンだったのですが、なぜか保田圭ちゃんばっかり出る。ぜんぜん嫌いじゃなかったんですけど、そのときは音楽バラエティ番組の『うたばん』でいじられているメンバーが出ると、子どもながらに「うわぁ〜」みたいなノリがあって(笑)。

お正月はほぼ毎年、お父さんと兄弟でその駄菓子屋に行きました。そのときはカゴにお菓子を好きなだけ入れ放題！　それが我が家のお年玉代わりでもあり、とにかく幸せでした。だから、今でも駄菓子屋を見つけるとつい入っちゃいます。

◆中学〜高校時代
音楽漬けの中学時代

小学校時代は、とにかく活発な子だったと思う。盆踊りで太鼓を叩いたり、みんなでソーラン節を踊ったり。運動はできなかったけど、勉強はそこそこだったと思う。

4年生から所属できるマーチングバンドに憧れ、トランペットとトロンボーンをやっていて、パートリーダーを任されたりもしました。でも、小6で転校したことをきっかけに辞めてしまって。だから、もう一度、挑戦してみたかったんです。

それで、中学校に入ってからは吹奏楽部に入部しました。土日はもちろん、朝練もありました。本当は中学でもトロンボーンがやりたかったのですが、担当楽器を決めるときに先生と面談があって。「お前は腕が短いからトロンボーンは無理だ」って言われて、ホルンという小さい楽器を薦められました。

ホルンは未経験でしたが、先輩たちがすごいキレイな音を出す。その姿を見て決心しました。同じ学年でホルンは2人しかいなかったんですけど、2人とも身長が小さくて。まわりからは「ミニモニ。」って呼ばれてました。中学1年で身長が131センチしかなくて、整列するときはいつも先頭。だから、ずっと「前へならえ」の〝腕ピーン！〟に憧れていましたね。

初恋は中1、付き合ったのに話したことがない!?

中学1年の頃、初めて男性と付き合いました。お相手は野球部のタカシくん。でも、付き合ったのにしゃべったことがないという(笑)。

山奥に泊まりがけで行く自然教室のときに、全員が好きな人に告白するみたいな流れになった。ただ、私は恥ずかしくて告白できなかったんです。それが心残りで。

家に帰ってから、勇気を出してタカシくんの家電にかけたんです。当時は携帯電話もなかったので……。告白の言葉はシンプルでした。「好きです。付き合ってください」

そしたらOKをもらえて。晴れてカップルになれたのはいいのですが、お互いに意識しちゃって学校でまったく話せない。

だから、ルーズリーフを使って文通を始めました。授業中に書いたり、家でも書いたり。まわりの友達も私たちが付き合っていることを知っていたから、背中を押されていっしょに帰ったこともあるのですが、やっぱり無言。そのまま自然消滅しちゃいましたね。

家族で助け合うのが当たり前

高校に入学する少し前の休み期間からアルバイトを始めました。

デニーズ、ガスト、サイゼリア、ジョナサン、パン屋、ケーキ工場、焼き鳥屋、居酒屋、通信販売の工場、スタバ、300円ショップ、ティッシュ配り、パチンコ屋の掃除スタッフなど。ほとんどのファミレスを制覇しましたね(笑)。ファミレスが大好きなんです。生活がカツカツな大家族の私にとって、ファミレスは1年に数回のテーマパークのような大好きな場所だった。

その後はアルバイト漬けだったのですが、私にとっては当たり前のことでした。お兄ちゃんやお姉ちゃんの姿を見てきたから……。働ける年齢になったら、アルバイトをして家にお金を入れるのが自然な流れだと思っていたんです。

うちはもともと、わりと裕福な家庭でした。でも、お父さんが身体を壊してしまい、一転してカツカツの生活に変わってしまって。お母さんもそのぶん働いて、中学の頃はほとんど家にいなかったから、私がご飯やお弁当を作ったり、家事全般を手伝ったり。

だから、高校生になったら、自分でお金を稼がないといけないなって。とはいえ、それがツラいとかはなくて。私って、なにかに追われるのが好きなんです。連勤も苦にならないから、忙しいバイトをいっぱい詰めちゃって。

授業中にハンダゴテで髪を焦がした（笑）

高校は工業高校の電子科。理由は、学費が安くて家計の負担にならないこと。近所の学校を選んで、放課後はすぐに帰って家事をしようと思っていた。

でも、本当は『ナースのお仕事』ってドラマに影響されて、看護師になりたいとも思っていたのですが、目の前で交通事故を目撃してしまって。「血とか骨とか絶対に無理！」って（汗）。高校を選ぶ直前の出来事だったから、志望校も見失ってしまい……。

だから、どこでもよかったんですけど。筆記試験はなくて、面接で「ハイ」と言い続けていたら受かってしまいました。それで、先述のようにお母さんに「合格したよ」って報告したら、まさかの再婚で引っ越すことになってしまい。家の近所どころか、逆に通学で1時間半以上もかかる遠い場所。先に知ってたらな、と思いましたけど。でも、通学時間にたくさん音楽を聴けて、それは楽しかったな。

電子科で良かった点は、夏でも涼しい屋内にいられること。ハンダゴテで自分の髪の毛を焼いてしまう失敗をしてしまったこともありました。ただ、いざ入学してみると、40人のクラスで女子が5人しかいなかった。学年全体でも30人ぐらいとか。正直、どうやって友達を作ろう……みたいな。だから、今でも連絡がとれる高校時代の女友達って、3人ぐらいしかいないんです（笑）。

放送部に在籍、コンテストで優勝

部活は放送部に入りました。体育祭や文化祭のアナウンスをしたり、地域密着のリポート映像を作ったり。今もラジオの仕事でレギュラーを務めさせていただいてますが、もともとラジオが好きだったんですよ。

私はアイドルオタクだったから、マネをして歌ったり踊ったり陰でコソコソ練習していたのですが、大家族だったから部屋の音が筒抜けで……夜はうるさくできない。そんな中、ラジカセを抱えてお布団に入って、ラジオを聴いているのが趣味だったんです。タレントが、テレビでは普段言わないようなことをラジオだとしゃべる。そこには、楽しそうな大人の世界があるなって子どもながらに感じて、とてもワクワクした。

深夜のラジオが友達になってから、新聞のラジオ欄をチェックするようになった。当時は毎日聴いていて、1週間があっという間に思えた。次第に、自分の声をカセットに録音してみたり、ラジオのマネをして話してみたり……。

そういえば、高校生対象のラジオコンテストで優勝したこともありました。いろんな学校が作品を応募した中、私は学校の代表として表彰されましたね。

進路決定の直前に、衝撃の事実が発覚！

気づいたら、進路を決めなければならない高3になっていた。でも、なんにもやりたいことがないなぁって。そんなときに、彼氏が「SHAKALABBITS」というロックバンドを教えてくれて。めちゃくちゃハマってしまい、ライブにも行きまくった。

それで、私も音楽をやりたいと思うようになって、コピーバンドを作ったんです。

音楽の専門学校の体験入学に行って、そこで友達もできた。お母さんに「音楽の専門学校に行きたい」って伝えたら、「なにを夢みたいなことを言ってるの」って大反対。

でも、私はバイトをしてお金を貯めていたから、学費もそこから出すつもりだったんだけど、衝撃の事実が発覚。なんと、お母さんが妹と弟の学費に使ってしまったみたいで「ないよ」と。

ちょっと待って、私が稼いだお金がないとは……どういうこと!?

一瞬パニックになったけど、私も家族の状況をわかっているから。それならば仕方ないと思い直した。やっぱり就職して家族を助けなきゃって。でも頭の中は音楽のことばっかりだったから、どこで働きたいとかもなくて。なんとなく原宿のファッション系アパレルメーカーまで面接を受けに行ったんですけど、志望理由もないからぜんぜんダメで。結局、落ちてしまいました。

どうしようかと考えてみたんだけど、専門学校とか短大に進む他の友達は、だいたい2年ぐらいの時間があるわけじゃないですか。自分で稼いだはずの学費がないというなら、せめて……お母さんにこう頼んでみたんです。

「20歳までは好きなことをやらせてもらえませんか？」

もう必死でした。私も同じように将来に対して向き合う時間がもらえれば、なんの悔いもなく、きちんとその先を考えますって説得して、なんとか了承を得たんです。

◆AVの世界へ 嫉妬深い彼氏がきっかけに

高校を卒業後、mixiで参加していた音楽系コミュニティのメンバー募集で「歌を作ったのでボーカルをやってください」という男性と知り合いました。そして、その彼といっしょに音楽をやるようになって、次第に恋愛感情が芽生えます。

ある日突然、告白されて付き合うことになりました。お互い家が遠かったこともあり、同棲することになった。実家を出ることになりましたが、その裏には複雑な感情もなくはなかった。

——その頃、私は家を空けることが多かった。お母さんが再婚し、新しいお父さんが住むようになっていて、まだ幼かった弟や妹との間には、新しい「家族」の関係ができあがりつつありました。そこに私が入っていいものかどうか……。せっかく、新しい家族がうまくやっているのに。

こうして、彼のもとへ行きました。アルバイトをしながら仕送りを続けていましたが、家族とは少し距離をとるようになりました。ただ、結果的には、その彼をきっかけに、19歳でＡＶデビューすることになります。

今思うと、その彼氏がちょっとヤバい人で……。「愛しいものほど壊したくなる」という言葉を聞かされたときには、ゾッとしました。ＤＶではないのですが、言葉の暴力とかヤキモチがすごくて。私が組んでいたバンドも辞めろって。

女友達に対しても嫉妬するぐらいで「アイツとは関わるな」と脅迫したり、私が好きだったバンドのストリートライブに顔を出したり。

完全に私の音楽活動にも悪影響が出ていま

した。さすがにこのままではマズいと思って、別れたいと考えていました。

とはいえ、現実はそう甘くはない。実家には簡単には帰れない。兄弟が多いので戻る部屋もない。ひとり暮らしをしながら、仕送りができるような稼ぎのいい仕事はないものか。でも、キャバ嬢とかは、人見知りの私にはできそうにない。

そんなとき、彼が「『柚木ティナ（Ｒｉｏ）』って知ってる？」と私に聞いてきました。そこで私は彼女の存在と、ＡＶの世界を知るのです。

柚木ティナ（Ｒｉｏ）に憧れて…

初めて柚木ティナ（Ｒｉｏ）さんの作品を見たときの衝撃が忘れられません。それまで性に対しては、他人に知られないようにとか、コソコソ隠れてとか、けっこう奥手な考え方でした。それが見事に覆されたんです。

作品の中では、想像以上に堂々とした世界が繰り広げられていて。それでいて女優さんがすごく綺麗で。

「これが噂の柚木ティナ（Ｒｉｏ）か！」と思いました。

彼がいない間に、ネットでＡＶのことを調べるようになって。「ＭＡＸ・Ａ」というところに柚木ティナ（Ｒｉｏ）の名前が書かれている。

気づくと電話をかけていました。でも、「入りたいです」って伝えたら、「うちは事務所ではありません」と断られてしまいました。

業界の仕組みもわからなかったから、間違えてメーカーに電話をかけてしまったんです。それで〝事務所〟という存在を知って。やっぱり、どうせなら自分がカワイイと思った柚木ティナ（Ｒｉｏ）さんと同じところに入りたいなって。

とはいえ、いきなりＡＶ事務所に連絡しようとするなんて……勇気が必要なんじゃないかと思われるかもしれませんが、逆になにも知らなかったからこそ、抵抗なくできたのかもしれませんね。

そして、現在の事務所でもある「ティーパワーズ」のホームページにたどりつきました。そしたら、「写メール面接」をやっているということで……。ケータイで写メを送ったら、すぐに「合格です。本社に来てください」って連絡が来た。

ここからはトントン拍子で話が進んでいきます。

次の日、実際に事務所まで行ったら、席に座った瞬間、いきなり契約書が出てきました。それで、「すげえ、もう合格してる！」みたいな（笑）。さらに、住むところを探していると伝えたら、「寮が空いているから明日からすぐに住めるよ」って。

AV女優は稼げて寮もあるなんて最高じゃないか、みたいな。

興奮覚めやらぬまま、その日は家に帰りました。

とはいえ、彼氏にバレたら絶対にヤバいって不安もあった。そんな悪い予感は当たるもの。こっそりと荷物をまとめて家を出ようとしたした瞬間、案の定、彼氏が外で待ち構えていたんです。

「お前、ティーパワーズに入るんだろ」

どうしてバレたのか……。私のケータイとパソコンの履歴を見たようです。どうやらパスワードも知っていたようで、私の行動も全部お見通し。

「私はもう家を出るんです」「別れたい」って伝えたけど、もちろん許してもらえず。駅までついてこられて修羅場になりましたね。

私が「成瀬心美」になった日

事務所の寮に入ってから〝宣材〟を撮りに行きました。宣材とは、宣伝材料の略。メーカーや出版社などのメディアにプロフィールとして見せるためのもの。プロのメイクさんを用意してもらって、めっちゃテンションが上がって。そのときに初めて人前で脱いだんですが、抵抗はなかったです。

そのあと、宣材を持ってひと通りのメーカーに面接まわりをするんですけど、そのときにプロフィールを見て、「あ、私はこれから〝成瀬心美〟になるんだ」って知りました。へんてこりんな名前を付けられたらどうしよう……と不安だったので、うれしかった。

その由来をマネージャーに聞いてみたところ、「成瀬」はプロ野球選手の成瀬善久投手が活躍したシーズンで、縁起がいいなと。「心美」は木村拓哉さんと工藤静香さんご夫婦の娘（長女）の名前で、だれかに付けたいと思っていたけど、なかなか似合う子がいなかったみたい。ずっと温めていた名前を、マネージャーが私の顔を見てピッタリだって付けてくれたそうな。今でもカワイイ名前で良かったなって思います。

それで、マネージャーといっしょに面接まわりをして、メーカーから渡されたアンケートの「できること／できないこと」の項目にチェックを付けていくんですけど、当時は経験人数が2人とかで。普通のことしか経験がなかったし、AVのことは無知だったから、そもそも用語を見てもピンとこなくて。

そのときは、マネージャーが電話で席を外していました。私と面接官のやりとりは次の通り。

「アナルってなんですか？」

『お尻のことだよ』

「見られるぐらいなら……大丈夫です！

ゴックンってなんですか？」

『飲むことだよ』

「飲む……飲む？　大丈夫です！　フィストってなんですか？」

『手首のことだよ』

「手首を見られるくらい……大丈夫です！　獣姦ってなんですか？」

『ワンちゃんだよ』

「ワンちゃんは触れるし……大丈夫です！」

面接官の人が「意外とイケイケなんですね」って驚いた顔をしていたんですが、戻ってきたマネージャーがアンケート用紙を見て、慌てて細かく説明してくれました。内容を聞いて慌てふためき、結局、「なんにもできません」って（笑）。それが始まりでしたね。その1週間後にはデビュー作を撮っていました。

初めての撮影、キラキラした世界を知った

10月11日のことです。今でも日にちをはっきりと覚えています。

デビュー作は「エスカレートするドしろーと娘」という作品だったのですが、池袋で男性とデートをするストーリー。それまでは彼氏とデートといっても飲食店はマックぐらいしか入ったことがなかったのですが、オシャレなテラス席でピザを食べてる自分がいて（笑）。メイクさんがいて、衣装も用意してもらえて、写真も1000枚以上撮ってもらえる。ここが東京か、こんなキラキラした世界があるのか、と驚きました。だから、純粋に楽しかった。無事に撮影が終わって、マネージャーに終了の報告をして、スキップしながら帰ったことを覚えています。

実は、その日の朝もあの彼氏が待ち伏せしていて。もう怖くて外にも出れない状態だったんですが、マネージャーに相談して、助けに来てもらいました。もちろん、彼氏が「AVの事務所は危ないんじゃないか」「騙されているんじゃないか」って心配してくれていたのはわかります。だから、世間ではAVの世界に対してネガティブなニュースが飛び交うこともあるけど、マネージャーがそうではないことをきちんと説明してくれた。

ただ、最後に彼氏が吐き捨てたセリフが忘れられません。

「お前は柚木ティナ(Rio)にはなれない」

本当に悔しかった。今振り返ってみると、その言葉があったからこそ「絶対に見返してやろう」って頑張れたのかもしれないけど。

◆「いちばん」にたどり着くまで 本当は3カ月で辞めるつもりだった

AVの世界に対して、とにかく無知でした。

それは、大家族だったことも関係しているかも。兄弟が多かったから、思春期にAVを見る機会もない。部屋でお兄ちゃんのエロ本を見つけたことはあったけど、隠してあったので「見てはいけないもの」だと思っていたから……。

そんな私ですが、10月にデビュー作を撮ってから、本当は3カ月ぐらいで辞めるつもりだったんですよね。そんなに長く続けられる仕事だとは思っていなかったし、軽いバイト感覚でしたから。撮影を終えても「コンビニでレジ打ちができるようになった」ぐらいな。

寮にいた頃は、部屋になんにもなくて。小さいテレビがぽつんと置いてあるだけだった。

だから、とりあえず生活ができるように家具をそろえなきゃって。ベッドを買ったりしているうちに、辞める予定だった3カ月が過ぎてしまって、デビュー作が発売される1月を迎えてしまった。でも、そこで「辞めます」とはならなかったんです。

簡単には引けない理由があった。もちろん、元彼を見返したい気持ちもあったけど、高校の友達にもAV女優をやっていることがバレてしまったんです。

AV女優は、身バレを防ぐため、親や友達、会社の同僚などに宣伝の際にどれだけ顔出しや情報を公開するのか決めます。当初は「パブリシティ」といってパブリシティの範囲を狭くしていたにも関わらず、デビュー作の予約がサイトで始まった瞬間、高校の友達から「これお前？」って聞かれて……。

まさかデビュー前にバレるとは思わなかったけど、サンプル動画を確認しても明らかに私。もう言い逃れもできない。だから「そうだよ」って答えた。その人は学校一のおしゃべりなタイプだったから……。明日には金星まで噂が広まるだろうと。もはや隠しても意味がない。バレてしまったなら仕方ない。

それならば「俺、成瀬心美の友達だよ」って自慢できるぐらいにならないとダサいなって、パブリシティを全開にしたんです。そこから出演できる作品の幅も広がって、さらに忙しくなった。でも、もっと有名になって人気者にならないと。

もしも今辞めてしまったら、「ただのＡＶに出てた友達」で終わってしまうから。

作品では違う自分になれた

その後は、すごい忙しくて。でも、毎日めまぐるしい日々を送っているほうがよかった。たぶん、他人から求められることが好きなんです。アルバイトをしていたときもそうでしたが、スケジュールがどんどん埋まっていくことがうれしくて。

毎日、変化があることが楽しい。普通に生きていたら毎日同じ自分だけど、ＡＶの撮影では毎日違う自分になれる。今日はOL、今日は女子高生、今日は人妻……。セリフも本来の自分だったら絶対に言わないことが台本に書いてある。"素の自分"でいる時間はほとんどなかったのですが、むしろそれが私には合っていました。

休みがあると、逆にリズムが狂ってしまう。だから、私は「休みはいらない」ってマネージャーにも伝えていました。家にもあまり帰っていなくて、ばたばたっと洋服の準備して、すぐに出ていくみたいな。

1日で3本撮ることも珍しくない。朝5時に撮影が終わって、2時間後の7時から次の現場みたいな生活。ひとりでラブホに入って仮眠して、マネージャーが車で迎えに来て。移動中に寝て起きたら(メイクさんによって)違う自分に変身している。

もちろん、肉体的に疲れることはありました。風邪を引いて高熱を出してしまったときは、監督から「頬が火照っているのが、逆に色気あっていいね」なんておだてられたり、点滴を受けながら撮影にのぞんだときは、マネージャーから「お仕事頑張ろうね」って手紙を渡されて、それが憧れのRioさんからだったり。単純なので、あまりのうれしさに現場では疲れがすべて吹き飛んだ。

とはいえ、本当に寝ていなかった日の撮影ではこんな失敗もあります。

洞窟の中で私がオイルマッサージをされるという内容で、共演した女の子の声が天使みたいにカワイイ。そのささやきを聞きながらマッサージをされていたら、あまりに気持ち良すぎて途中で寝てしまったんです。レッドブルを飲んで頑張って、でもやっぱり5分ぐらいで寝ちゃって。それを7回ぐらい繰り返してもダメだったり。共演した女の子には本当に申し訳なかったです。

今となってはそんな生活は絶対に無理だけど、現場に行くと楽しくて元気になることが多かったです。最初は「触手モノ」という怪獣が出てくるようなアニメを実写化した作品が苦手でした。ホラーとか怖いのがダメだったし、本当に気持ち悪くて……。現場でも泣いていたぐらいなのですが、それに気づいたスタッフさんが、触手を手に付けながら「ここちゃん、ここちゃん、元気出して」みたいに励ましてくれて。そこから急に触手が愛おしく思えてきた（笑）。単純です。

それに、私が本当に無理なときは、マネージャーがきちんと対応してくれた。事務所からも大切にしてもらえていることが伝わってきました。だから、まわりには恵まれていたと思いますね。

「企画女優」とは？

少し経ってから気づいたんです。AV女優には「単体」と「企画」というものがあることを……。

私は、「企画女優」でのスタートでした。Rioさんは月1本ぐらいの撮影なのに、なんで私はこんなに忙しいんだろうって。そのわりに、ナンパされて断るだけの役とか、電車で何時間もかけて現場まで行ったのに手だけしか撮ってもらえない役とか。

衣装だって、Rioさんはすごい綺麗な衣装を着させてもらっているのに、私は大体の場合、自前の私服。「なんか、私とRioさんでは扱いが違うのかも」って思い始めた。業界のことをもっと調べるようになって、少しずつ理解するようになったのですが……私は企画女優、Rioさんは単体女優。そもそも同じ事務所の中でも単体と企画で部署が異なっていたんです。

当然、ギャラだって違う。たとえ同じような仕事を数多くこなしても、単体の1本にはかなわない。それがすごい悔しくて。次第に単体女優に対して、メラメラと対抗心を抱くようになりました。

さらに、企画女優の中でも人気の違いはあって。たくさんの女優が出演しているオムニバス作品のパッケージでも売れている人は大きく名前が書かれて、私は小さく載っているだけだった。それこそゴマみたいなサイズで（笑）。

とにかく負けず嫌いだから、絶対にいちばん上に「成瀬心美」って書いてもらえるようになろうと。だから、とにかく頑張らないといけなかったんです。

「いつかあのステージでいちばんになる」

幻想的なライトアップに浮き上がるステージ。そこでは、憧れのＲｉｏさんがトロフィーを片手にプレゼンターをしている。

忘れもしない「スカパー！　アダルト放送大賞２００９」授賞式での出来事でした。そこにいるのは今人気の単体女優たち。Ｒｉｏさんだけではなく、どの女優も素敵なドレスを身にまとって、頭にはティアラを輝かせている。会場を埋め尽くすファンの人たちが「おめでとう」と言いながらうれしそうに涙を流していた。

場所は渋谷のＯ・ＥＡＳＴ。まだデビューして間もなかった私は、その日になにがあるのかよくわかっていなかった。自分は場違いなんじゃないか……そう思っていると、現場のスタッフから「これに着替えてね」とペラペラの衣装を渡されて。

私はタンクトップにホットパンツという格好だった。しかし、楽屋は用意されておらず、着替える場所もない。

与えられた仕事は、会場の入り口のところでお客さんにスカパーの加入を呼びかけることだった。胸には「スカパー！　加入受付中」。

まだ2月、外は厳しい寒さを迎えていた。私は同じ事務所の女の子と2人でガタガタと震えていた。会場は暖房で暖かくなっていたけど、中には入れてもらえない。

この扉を隔てて、単体と企画の大きな壁を実感した。扉が開くたびに、ステージ上の女優さんが感極まりながら受賞の感想を述べている姿が見えた。なかなか加入してくれる人が見つからない中、通りがかったお客さんから「あなたも女優なの？」って聞かれて。

なんだか悲しくなってきた。私も同じ〝女優〟なのに……。

そんなときに、元彼が言い放った「お前は柚木ティナ（Ｒｉｏ）にはなれない」って言葉が脳裏によみがえってきたんです。

このままでは終われない……。

いつかあのステージに立って、自分がいちばんになってトロフィーをもらうこと。私の中に夢や目標が生まれた瞬間でした。

正直に言うと、とにかく企画女優と単体女優の差にイラだっていました。

当時は、その中間の「企画単体女優」もあんまりなくて。この業界は、単体女優がすべてなのかって。悔しくて、悔しくて。

この現状を自分がなんとか変えていかなければならないって決意したんです。

企画と単体の架け橋になりたい

当時は、企画女優が単体女優に格上げされる事例はありませんでした。だから、自分が単体になりたいというよりかは、企画女優の世界を盛り上げたかった。その格差を少しでも埋めたくて。

作品をたくさん撮ってもらっている自覚はあったから、私が頑張っていれば、業界のなにかが変わるんじゃないか、架け橋になれるんじゃないかと思ったんです。

もちろん、まったく格差を気にしない人もいたけど、やっぱり心の底では羨んでいたり、悔しいと思っている企画女優も多かったんです。

その中で、辞めていく子もいました。それこそ、たくさんいました。でも、悲しいとかではなく、新しい道を見つけられるのは素敵なことだから、「いってらっしゃい」と送り出すような気持ちでしたね。それに、仲が良い子とは、辞めてからも会えると思っていたから。

そもそも私も長く続けられるとは思っていなかった。いつかは自分も考えなきゃ……ってね。

ただ、企画女優として悔しい想いをすることはあったけど、実はメリットもあった。単体女優だと専属契約のため、月1本の撮影でひとつのメーカーからしか出せないから、あまり出演作が増えないんです。一方で、企画女優だといろんなメーカーのいろんなジャンルの作品に出演できるから、そのぶん知ってもらえるチャンスが巡ってくることもある。

加藤鷹さんが起こした奇跡

ただ、出演本数が増えていく一方で、伸び悩んでもいました。

AV女優のテクニックと言えるものが、なにもなかったんです。そのぶん、受け身のMっぽい役が多くて。かといって、ハードなプレイもできない。

そんなとき、3Pの現場でカメラが回っている最中に、共演した女の子に〝なにか〟が起こった。カメラが2台あったのに、両方ともそっちに行く。

「あれれ、ワシも頑張っているぞー!?」

ひとりだけ置いていかれた気分になったんですけど、彼女に目をやると、どうやら〝潮〟というものを吹いたらしいんです。

潮吹きとはなんぞや……。それができれば、私でも少しは派手に見えて、もっと現場で活躍できるのかも。

そう思って、潮吹きができる女優さんたちを観察してみると、空き時間にめっちゃスポーツドリンクを飲んでいる。だから、私もマネして水分をいっぱい摂ったんですが、肝心の出し方がわからない。毎日スポーツドリンクを2リットルぐらい飲んでましたが、あげくの果てに膀胱炎になってしまいました(笑)。

しかし、そんな私を変えてくれたきっかけが、加藤鷹さんの〝ゴールドフィンガー〟でした。言わずと知れた伝説の元AV男優。

加藤鷹さんのことは、なぜか昔から知っていました。実際に初めて会ったときは、「あ、加藤鷹さんだ！」って思わず声に出してしまったぐらい。現場でも本当によくしゃべる人だな～って。

そして、噂には聞いていましたが、自分でもびっくりするぐらい潮を吹いた。その感覚を言葉で説明するのは難しいのですが、出し方のコツをつかめた！　私の中で「潮の通り道」と呼んでいます。それ以来、自由自在に潮が吹けるようになった。

そしたら、現場でも潮吹きを求められることが増えて。だから、加藤鷹さんには感謝していますね。

自力でつかんだ「ミス・アリババ」の称号

最初は素人系の作品ばかりだったから、本当に自分の出演作が世の中に出ているのか疑問でした。

今みたいに無料サイトもなかったし、サイン会やイベントも開けなかったから、ファンと顔を合わせる機会もなくて。だから、ひとりで秋葉原の「アリババ」というDVD店まで行き、実際に売られていることを確認したときは「あったあった！」って感動した。

それで、店長に「この作品に出演している成瀬心美です」って挨拶したら、その場でチェキを撮ってくれて、作品にチェキを付けて売ってもらえることになったんです。販促につながるし、とてもうれしかった。

店長とも仲良くなり、その後は足しげく通うようになりました。そしたら「成瀬心美のコーナー」を作ってもらえたんです！

当時はチェキを付けて売ることが珍しかったみたいで、すぐに売り切れました。とはいえ、なかなか忙しくて店に行けないこともありますよね。だから、欲しいというお客さんの要望があると聞けば、自分でチェキを撮って、サインを書いて、スタジオからバイク便で送ったこともありました。

さらに調子に乗った私は、コーナーで直接お客さんに声をかけて「これ私だから買って！」とか「テッテレー、本人登場！」「オススメはコレ！」みたいなことをやっていましたね。

まだ無名でしたが、アリババではレジ横に立たせてもらったり、サイン会までやらせてもらったり。たくさんのイベントをやるうちに、2009年度の店公認「ミス・アリババ」に選んでもらえました。

ファッションの研究で、女性ファンが増えた！

どうしたらもっと売れるようになるのか。私は、常にDMM（現：FANZA）でも出演作品のランキングをチェックしていました。

パッケージの写真は修正されて綺麗になっていると思いますが、人気の作品と自分の作品を見比べるんです。

まずはメイクの研究をするようになりました。現場では毎日メイクさんが違うから、いろんな顔になれるんですけど、その中で良かったものを自分でも試すようになった。とはいえ、最初の頃はロリ系の作品ばかりだったので、メイクといっても基本は黒髪でアイラインも引いてもらえないようなドすっぴん。

そんな中で、気分を変えて茶髪にしてみたくなって。でも、事務所は大反対……だったので、勝手に髪を染めてネイルもしちゃいました。そしたら、急にギャル系や女子大生、若妻みたいな仕事がめっちゃ増えたの。ほら、やってよかったじゃ〜んって（笑）。

イベントなどで人前に出るような機会も増えたので、メイクはもちろん、ファッションも勉強しないといけない。私は、あまりテレビも見ていなかったから、流行やオシャレにはとにかく疎《うと》かったんです。ＡＶの衣装ってすぐ脱いじゃうんで、胸がパカーンと開いていたり、現実では無理なコーディネートばかり。

とはいえ、ファッション雑誌を読んでも参考にはならなかった。そこに書いてあることは、元の素材がいいモデルたちがやるから成立するもので、よく言われる「引き算をしろ」というのも、私が引き算をするとコンプレックスが目立ってしまう。

たとえば、私の体型は低身長なうえに胸が大きいから、ボーダーを着てしまうと膨張して太く見えちゃう。また、Sサイズを着たいのに、それだと胸が入らなかったり。かといってサイズアップすると、ロングワンピースだと地面に引きずってしまったり……。

要するに、そのまま私がマネしても成功しなかったんです。それならば、街に出てリアルな人たちを見てみようと思って、ひとりで渋谷に足を運ぶようになりました。渋谷はみんなが楽しそうに遊んでいるから、そこでキラキラした女の子たちを参考にして。

マルキュー(109)にもたくさん行きましたね。でも、お店のマネキンで素敵だなと思った洋服をそのまま買うと、大体が失敗します。即決はしないで、きちんと試着して合わせることが大事。いろんな洋服を試していくうちに、だんだんイベントでも女のコのファンが増えて、私のコーディネートをマネしてくれるようになって。ときには、まったく同じ洋服を着ているファンまで現れる。それが、すごくうれしかった。

私も西野カナちゃんに憧れて洋服をマネしていたから、その気持ちがわかる。だから、私がイベントに出るときのモットーは、あまり高い洋服を着ないこと。みんながマネしやすいコーディネートにすることですね。

「2ちゃんねる」さえポジティブに利用

私は、なにがエロくて、なにがエロくないのかもわかっていなかった。そんなとき参考にしていたのは匿名掲示板の「2ちゃんねる」です。TwitterやブログのコメントにはDはは、基本的には良いことばかりが書いてあります。でも、2ちゃんねるには、ファンの人は言ってくれないけど、私の悪い癖とか、気づけることがたくさん書いてあったんです。

たとえば、髪の毛を巻くためのコテを落として、お腹を火傷しちゃったことがあり、その傷跡を手で隠しながら撮影していた時期がありました。そうしたら「不自然な手の位置が気になって作品に集中できない」というコメントがあったんです。

私としては無意識だったんですけど、「たしかに」と思った。それからは、メーカー側にも説明して傷が見えないように衣装の丈を調整してもらったり、メイクさんに頼んで隠してもらったり。

もちろん、心無い中傷の嵐に、最初はすごい傷ついてヘコみましたよ。なんで顔も名前も知らない人たちにそんなこと言われなきゃならないんだって。でも、有名な女優や人気アイドルの人たちはもっとひどいことが書かれていたから、私ごときが書かれないハズがない！　気にしちゃダメだなって気持ちを切り換えた。そしたら、なにを書かれても平気に思えてきたんです。

そこでユーザーの本音を知って、匿名だからこその鋭い指摘を受ける。ああ、こういう意見もあるのかって受け止めてみる。なんだ2ちゃんねる、ちょーおもしれえじゃん、みたいな。

ただ、ときには架空の「恋人」や「友達」と名乗るやつが現れて、私のプロフィールがねつ造されることも。「成瀬心美の本名はあみ」とか書かれていたんだけど、あみじゃねぇし……（笑）。

SNSで知名度アップ

基本的には現場、現場、現場。2カ月休みがなかったこともありました。

少しずつ知名度も上がっていきましたが、ずっと忙しい日々を過ごしていたから、自分でもはっきりとした転機がどれだったのかわかりません。とはいえ、いくつかの着火剤があった気がします。

昔から本音をつぶやいたり、吐き出したりする場所としてネットを活用していました。まずはブログ。それこそ毎日のように書いていました。ブログをきっかけにファンが増えたこともあります。

たとえば、私はハロプロが好きでファンクラブにも入っていました。小学校のときにお兄ちゃんの勧めでモーニング娘。のオーディションを受けたことがあるぐらい。結局、お母さんの反対で断念したのですが、仕事の息抜きに℃‐uteのライブやイベントにも通ってました。初めて握手会に行ったときのことをブログに書いたら、その後℃‐uteのファンが私のイベントにも来てくれるようになった。

他には、私は虫がすごく苦手なんですけど、住んでいる部屋にハエが入ってきて。怖くて殺せないから、そいつを「チョメ子」と名付けて1週間いっしょに過ごしたことを「私の同棲生活」というタイトルで3部作に分けて書いたり。家に帰ってもチョメ子がプンプン飛ぶ音が聞こえてこなくて、蛍光灯のカサの裏で死んでいる姿を発見したときは悲しかったな。ありがとう、チョメ子……。

そんな他愛もないブログが何回かバズって、ランキングが上がっていきました。事務所が公式ブログを作ってくれる前は、勝手にアメブロで書いていたんです。

公式ができた後もバナーが気に入らなかったから、自腹で6000円払って作りましたね（笑）。

続いて、Twitter。デビュー2カ月目（2010年2月）にこっそりと始めていました。本名でやろうか迷ったんですけど、今思うと「成瀬心美」の名前でやってよかったなって。イベントの来客数が2倍ぐらいに増えたんです。当時はまわりでもやっている人がほとんどいなかったので、なにが起こったのか事務所も驚いていました。ここ10年では、Twitterの存在がいちばん大きかったかもしれません。

「キス我慢選手権」オーディションから1年後、チャンスが到来

特にお茶の間にも知ってもらえたのは2011年に『ゴッドタン』(テレビ東京系)というテレビ番組の「キス我慢選手権」という企画に出演したことかも。それからTwitterのフォロワー数が倍以上に増えたんです。

私が寮にいた頃は、家族はもちろん友達とも連絡をとっていなくて、空いている時間はマネージャーがカラオケやご飯に連れ出してくれました。でも、夜中はひとりぼっちになってしまう。ヒマつぶしにコンビニで売っていたDVDを見ていたのですが、その中で「キス我慢選手権」を見つけました。テレビで見ていた頃は、出演している女の子がAV女優だとはわかっていなくて。あれから月日が経ち、自分もAV女優になって、パッケージの女の子がみひろちゃんだと気づいたんです。朝までゲラゲラと笑っていました。みひろちゃんがキラキラして見えた。

同時に、自分も出たいなって思ったんですけど、私はずっと地上波には出れませんでした。いつも楽しみに見ているだけ。でも、その1年後ぐらいにオーディションの話が舞い込んできました。「キス我慢選手権ファイナル」ってタイトルだったから、最後のチャンスなんだと思って。

それで、会場に行ってオーディションを受けたんですけど、まわりは有名な女優さんばかり。正直、白目でした……(笑)。

結局、合否の連絡もなくて。次の放送では、会場に来ていた他の女の子が出演していたから、「私は落ちたんだ」ってガッカリしていました。

だけど、しばらくしてから、なぜか「キス我慢選手権の出演が決まりました」って連絡がきました。タイトルは「キス我慢選手権ルーキー」。どうやら復活したみたいで、それが本当にうれしかった。

お相手は、当時まだ新人だったお笑い芸人ハライチの澤部さん。びっくりするぐらい反響が大きくて、いろんなところから声をかけてもらえるようになりました。

そして「SOD大賞2011」で優秀女優賞を受賞しました。SODの撮影はけっこう大変な現場が多くて、朝までかかることも少なくありませんでした。でも、私は大変なほうが性に合っていたので大好きでしたね。自分の実績が認められていくことが本当にうれしかった。

いつか家族に言わないといけない…

家族に対して、いつかＡＶ女優であることを言わなければならない。そんな想いが心の片隅にはありました。

私のお兄ちゃんは大阪で飲食店をやっています。久しぶりに大阪に住んでいる親友と会うことになり、せっかくなのでお兄ちゃんの店で飲むことになりました。その親友は、小学校時代に転校先でめっちゃ緊張していたときに「私が最初の友達になってあげる」と言ってくれた子。

彼女は私がＡＶ女優をやっていることを知っていたけど、お兄ちゃんには話していなかった。だから、親友には仕事の話はしない約束をして、3人で飲みました。

3軒目に移動して、お兄ちゃんからこう聞かれた。

「そういえば、いくつになったの？」

お兄ちゃんと会ってじっくり話すのは、もう5年ぶりぐらいでしょうか。私が「21歳だよ」って答えると、成人したことに驚いていました。それれで、成人のお祝いということで、シャンパンを飲ませてくれたんです。かなり酔っぱらってしまいました。

もう明け方の5時頃、そろそろ帰ろうとしたときに、お兄ちゃんが言ったんです。

「お前頑張れよ、いつもブログ見ているから」

その瞬間、頭がパニックになって。私がやっているブログは、「成瀬心美」の公式ブログのみ。要するに、バレていたんです！

それまで家族には仕事のことをなにも言ってなかったのに、「デビューのときからぜんぶ知っているぞ」って。

パニックで涙が止まりませんでした。私は、この仕事に対して誇りをもっていた。とはいえ、コソコソしている自分に後ろめたさもあったんだと思う。

家族に対して〝いつか言わなきゃ〟ということが重荷になっていた。だから、「バレたらいいのに、バレたらどうしよう」、そんな葛藤を抱えていたんです。

いろんな感情が混じり合って、声も出さずにひたすら泣いた。

「今のお前は仕事にやりがいをもって、どんどん良い方向に進んでいる。ファンのコメントを見てると、お前はいろんな人に必要とされているんだなって本当に思えた。お兄ちゃんからしたら、妹がそんなふうに思われてるとうれしいっていうか……」

家族には大反対されると思っていたのに……。私のことを「自慢の妹」だと言ってポンポンと背中を押してくれた。もちろん、いろんな女優が出演しているオムニバス作品を見ていると、「急に妹が出てきて困惑する」みたいなことはあるらしいけど(笑)。

その日、かなりお酒を飲んだのですが、あとから聞くと、心配して、お店の従業員さんに言って、私のぶんだけだいぶアルコールを抜いていたみたい。お兄ちゃんらしいなって思う。それからのお兄ちゃんは、お仕事をとても応援してくれています。

仕事に全力で集中するために

AV女優として稼げるようになり、家にはそれなりの額を仕送りしていました。ただ、普通の仕事をしていたら、絶対に入れられないような額です。

私がAVを始めた頃、家は母子家庭になった。まだ学生の妹や弟がいる中、日々悩んでいた母に、

「私がお父さんの代わりになるよ」

そう伝えました。

お金に困っている生活をさせたくなかったから、頑張って仕送りを続けた。たぶん、お母さんは私がキャバ嬢とかをやっていると思っていたのかな。

ただ、パブを全開にしていたから、隠し通すことには無理がある。電車の中吊り広告を眺めていても、私がいた。コンビニの雑誌コーナーにも、私がいた。

私としては、「スカパー！　アダルト放送大賞」の前にもっとギアを入れなきゃ、そのためにも、お母さんにも真実を伝えなきゃって思っていました。

そこで、これまで発売された写真集やカレンダー、SODのトロフィーを持って、実家に帰りました。それをすべてお母さんに見せることで、こういう仕事をしていますと打ち明けた。

いきなり言ったらビックリすると思ったから、その前にも「普通の仕事ではない」という伏線として、全国にイベントで行ったときのお土産も送っていたんです。

「今のお仕事は楽しくて、やりがいがあるんだ」と。

写真集やカレンダーに写っている私は、もちろんヌード。でも、お母さんはそこまで驚いていなくて、「ツラくないの？」と聞かれたぐらい。

「綺麗な時期に、綺麗な身体を撮ってもらえることは素敵なことね」

意外なほどあっけらかんとしていたことに面食らった。ただ、そのときは「AV女優」という言葉は言えなかった。それでも伝わっていると思っていたけど、伝わっていなかったみたいで……。

それから2カ月後ぐらいにお母さんから電話がきた。その声は泣いている様子だった。

お母さんはヌードといってもグラビアだと

思っていたらしく、私がセックスまでしていることにショックを受けていた。

――家族のためとはいえ、無理やりやっているんじゃないか、悪い人に騙されているんじゃないか。お母さんは自分を責めていた。お母さんのせいで、娘がＡＶ女優になってしまったんだ、と。

　とにかく落ち着いて聞いてほしい。そうではない。私は自分で選んでＡＶ業界に入り、自分の意思でやっている。全国に大切なファンがいて、表彰もされるようになった。これからも辞めるつもりはない。

　私がひと言ずつ、ゆっくりと伝えていくと、お母さんは冷静さを取り戻していった。

「親として、頑張って、とは言えないけど、身体は大事にしてね」

　これで迷いは消えた。夢に向かって、一直線に進むのみ。

夢の舞台は突然に…

　２０１２年、それは突然の出来事でした。急に電話が鳴りました。

　マネージャーからでした。その声は、不自然なほどに冷静だった記憶があります。

　私にとって夢だった「スカパー！　アダルト放送大賞」に出ないかというオファーがあったというんです。当初ノミネートされていた女優さんが、なんと辞退したらしくて。

うれしい報告なのかもしれませんが、手放しでは喜べません。この賞はユーザーによる投票で決まるんですが、すでにその投票は始まっていて、もう1カ月が過ぎてしまっている。そのうえ、ノミネート女優たちが番組やラジオと連動した企画をやって大々的に宣伝していた中で、私はサイトにバナーすらない状態。

夢の舞台だったはずなのに、複雑な心境。その年は、強敵も多かった。歴代の女優賞を振り返ってみても、たぶんこの人が獲るだろうって人がいた。だから、たとえ負けても「仕方がない」と言い訳はできたのかもしれないけど、やるなら同じスタートラインで正々堂々と勝負したかったんです。

圧倒的に不利な状況だけど、もしも出場を断ったら、来年ノミネートされる保証はない。もしかしたら、自分自身がAV女優を辞めているかもしれない。

さまざまな葛藤がある中で、繰り上げでの参加については最後まで悩んだ。でも、マネージャーのひと言で(渋々ですが)出場を決意します。

「逆に、ここで巻き返したらカッコいいんじゃないか?」

まさかこんな形で出場するとは思わなかったけど、やるしかない。どうしたら1カ月の差を埋められるのか。頼れるのは

Twitterとブログ、SNSしかない！

当日までの残り1カ月、なりふりかまわず投票を呼びかけました。

——今までの人生でいちばんぐらいの緊張と不安でずっと吐きそうだった。

「今日が私の夢が終わる日なのか……」

もうやけくそだったかもしれない。ノミネートされていた単体女優のだれもが専属のスタッフを引き連れて、オーダーメイドのドレスに身を包んでいるのに、私がなびかせていたのは2900円で買ったミニスカのド派手なドレス。賞なんて獲れるわけがないんだから、どうせなら目立ってやろう。

ヘアメイクさんに「髪の毛どうしますか？」って聞かれて、ラメスプレーを2本使ってピッカピッカにしてもらった。歩きながらラメが落ちるぐらいだったから、ちょっとやりすぎたかなと思ったけど（笑）、無理にでもテンションを上げないと、プレッシャーに押しつぶされてしまいそうだった。精神状態が普通じゃなかったから、ワケのわからないツイートもした。あの日のTwitterを見返してみたら、「ガチでドレス脱ぎたいほど気持ち悪くなってきた」とか書いてた（笑）。

いざステージに立つと、足が震えてまったく動けなくなってしまった。

「この日のためにやってきたんだ……」

そう考えると、身体の自由がきかない。まるで金縛りにあってしまったよう。会場まで来てくれたみんなの声援は聞こえていたけど、こっちはうまく歩けないんだよ、って……。

そして発表のとき。ドラムロールが鳴ると、今までの思い出が走馬灯のようによみがえる。「スカパー！アダルト放送大賞」をモチベーションにやってきたから、ついに夢の舞台が終わってしまうんだなって寂しさもあった。

そんな中、私は日刊ゲンダイ賞をいただいた。目標にしていた女優賞ではなかったけど、まさかトロフィーを持ち帰ることができるとは思わなかったから驚いた。

でも、ファンのみんなは浮かない顔をしていた。「どうしたんだろう」って思ったけど、それまでW受賞の前例がなかったから、やっぱり女優賞はダメだったんだってガッカリしたみたい。

とはいえ、かつては会場の外でタンクトップを着ていた私が、賞を獲れたんだって感慨にふけっていると、再びドラムロールが鳴る。私が定位置に戻る前だったから「ちょっと待って！」と慌てていると、女優賞の名前が読み上げられた。

「成瀬心美」

え、私……？

夢が叶った瞬間だった。ふわふわした気分になって、その後は頭が真っ白になった。受賞のコメントも、なにを言ったのかよく覚えていない。涙があふれて前が見えなかった。ただ、ファンのみんなの顔ははっきりと見えて、私のために泣いてくれていた。それが本当にうれしかった。

企画女優が「スカパー！ アダルト放送大賞」で女優賞を獲得するのは初めてのことだった。記者会見や撮影では、2つのトロフィーを抱え、両脇には単体女優が並ぶ。ド真ん中に立っていたのは、紛れもなく私だった。2900円のドレスなんて着てこなきゃよかった（笑）。

ただ、この賞の重みを実感したのも事実だった。まわりを見渡すと単体女優たちが嗚咽を漏らして泣いていた。その姿を見て優越感に浸る気にはなれなかったんです。この日のために頑張ってきたのは私だけではない。だれもが本気だったんだなって。

◆夢を叶えた後 一変した環境にとまどいも

日常に戻ってからは、明らかにまわりの目が変わったと思う。

いっしょに頑張ってきた企画女優の仲間たちからも「私も頑張る」とか「女優賞を目指す」とか言ってもらえた。みんなが夢を持てるようになったのかなと、うれしかった。

次の日の現場では、受賞記念に少し豪華なお弁当を食べさせてもらえた。単体女優と同じように時間と予算をかけてパッケージを撮ってもらえるようにもなった。全国にサイン会で行けるようになったし、テレビの出演も増えて、AV女優としては初めてTBSラジオのレギュラーも決まった。

その後、メーカーから単体契約のお話もいただいて、キラキラした毎日が続きました。女優賞を獲ってから、本当に世界が一変しました。

ただ、自分が悔しいと思っていた単体女優のポジションにいざ自分がなってしまうと……うれしい反面、複雑でした。少しずつ、こんなことを考えるようになったんです。

「今後、私はなにを目標にすればいいんだろう？」

燃え尽き症候群ってやつです。メディアへの露出が増えて有名になればなるほど、中途半端な自分の気持ちと大きな環境との間でギャップが生まれてしまいました。そのときの私は芸能人になりたいわけではなく、あくまでAV女優として「スカパー！　アダルト放送大賞」で女優賞を獲ることが夢だったんです。

やっぱり、芸能人とAV女優は違う職業だと思っています。今でこそAV女優が地上波の番組に出ることも珍しくありませんが、当時はそうでもなかった。だから、そもそも芸能人になりたいのだったら、この道が絶対に遠回りだってことも理解していたんです。

にも関わらず、ＡＶの現場でも「ここみんはもう芸能人だからね」って言われることもあったから疎外感がありました。私はＡＶ業界に感謝していたし、ＡＶ女優として頑張ってきたのに……。

かといってテレビやメディアに出演しても、どのポジションに行けばいいのかわからなくて。当時は、今みたいにＡＶ女優が中国とか海外に進出する事例もなかったから、世界を目標にするとかもなくて……。やっぱり、登る山がないと頑張れない性格なんです。

そうやって、だんだん違和感が大きくなって悩んでいるうちに、体調を崩してしまったんです。

休業後、脱がない生活に

２０１３年、休業を発表。のちに復帰しますが、その後、ＡＶを撮ることはありませんでした。まわりも気をつかってくれたのか、「引退」という言葉は口にしなかったのですが、ＡＶ女優としては事実上の引退です。

実際、ＡＶを撮る気にはなれなくて、戻る気は１ミリもなかった。そんな空気を察したのか、マネージャーや事務所のスタッフも「次の作品を撮ろう」とは言ってこなかったんです。

ＡＶ業界を去った人が戻ってくることはあったけど、私はその背景を想像してしまう癖がありました。なにか複雑な事情があったに違いない、とか。今度は自分がそう思われるのは嫌だった。それならば、このままフェイドアウトする形でもいいかなって。

引き際をどうするのかはずっと考えていた。その後、もしも「ＤＭＭアワード」のような新しい賞レースが生まれて、自分がノミネートされたら絶対に負けるつもりはなかった。

とはいえ、徐々に人気が落ちて、仕事がなくなって、ファンを心配させるような状態にはなりたくなかったんです。だから、頂点のまま……。

きっと、だれかの中で「成瀬心美って人もいたな」と思ってもらえるぐらいには、やりきった感覚があったんです。雑誌の付録のＤＶＤまで合わせると、合計２０００本近くは撮りました。自分自身、やれる内容も多くはないから、これ以上は撮ってもマンネリ化するだけだと思ってます。この時期には、弟妹はすべて成人し、家への仕送りもなくなりました。

ちょうどいいきっかけだったのかな。

結局、８カ月ぐらい休むことになりました。ただ、その間もいっしょに頑張ってきたファンのみんなと離れる気にはなれなかったんです。

デビュー当時からずっとＴｗｉｔｔｅｒやツイキャスをやってきたから……。

その年の12月24日、私が所属していた5人組ユニット「ｍｅ・ｍｅ＊」のクリスマスライブがあって、そこに来てくれないかってマネージャーから連絡がありました。私も久しぶりにファンのみんなに会いたかった。

特に「この日に復帰」とは決めていなかったんだけど、そこからですね。翌月にはサイン会をやって、ＫＭＰという休業前に単体契約していたメーカーで広報部長を頼まれて、そしてテレビの出演が決まった。ＡＶの作品は撮らないんですけど、また徐々に仕事が入るようになりました。

以前は1日3本ぐらいは作品を撮るのが当たり前だったのに……むしろ、撮らない生活が当たり前になっていきました。

もう脱がないけど、イベントではみんなに会えるし、これでいいのかなって。

引退作が3本もある不思議

ただ、もしも引退するなら、きちっと撮りたいとは考えていました。細かい契約内容までは知らされていなかったから、いつが終わりなのかもわかっていないんです。とはいえ、単体の契約が終了したら、再び企画から頑張ればいいという心づもりでした。そんな中、体調不良は自分でも予期せぬ出来事でした。

でも、それではファンに対して申し訳ないという想いもありました。

そんなとき、広報部長をやらせていただいていたKMPから、パッケージの写真だけ撮りおろして、今まで出演した作品を集めて「完全コンプリート BEST」を作りたいとお願いされました。すごいうれしかったです。私の中では、それが引退作だと思っています。

ところが、なんだか売れたみたいで……。1年後には「完全コンプリート BEST2」が、さらには「完全コンプリート BEST3」まで(笑)。

だから、私には引退作が3つあるんです。〝素人〟として出演した作品まで含まれちゃっているから、さすがにもう素材がないぞ！　でも、4も出したーい！(笑)

◆これからも自分の生き方で「元」AV女優だった過去は消せない

AVは引退したけど、みんなの心の中から消えたくないという想いはあって。今となっては脱がない生活が当たり前になったけど、テレビやラジオはもちろん、好きだった音楽を再開してバンド活動も行っている。バンド名は「mezcolanza」。スペイン語で「ごちゃ混ぜ」という意味。メンバーの背景がバラバラで、メジャーデビューしている人もいれば、ロフトプラスワンの店員もいる。それぞれの本業があるから、なかなか本腰は入れられないけど、自分なりに楽しんでいる。

たとえば、バンドでは作詞を担当させてもらっています。音楽理論とかはわからないけど、「自分の言葉」を大事にできるから。

今、メディアに出るときも「自分の言葉」で話すことを意識しているんです。AVに出ていた5年間は、台本の中の自分だった。そこには、筋書きやセリフが書かれていたから。私たちは、メーカーや事務所の意向、作品のイメージで作り上げられてしまっていることが多くて、自分の言葉を発する機会が少ない。でも、本当はひとりの女の子なんです……。それをわかってほしくて。

だから、歌詞は妄想の部分はあるにしても、根っこはどれも私の実体験に基づいているんです。音楽が記憶と結びつくこともある。ツラかったときに、この曲を聴いて励まされたとか。自分の作った曲が、だれかにそう思ってもらえたらいいなって。

それからパチンコ番組。もともとパチンコなんてやったことがなかった。お父さんとお母さんが、パチンコを理由にケンカしてるところを見たことあった。タバコのニオイは苦手だし、音もうるさくて苦手だった。

でも、どうせやるなら楽しまなきゃって。

そしたら、番組が決まって。

もしかしたら、若いファンの中には、私がＡＶ女優だったことを知らない人もいるかもしれない。

ＡＶ女優を辞めたあと、次のステップとしてタレントを考える人も多いと思う。とはいえ、実際に芸能界に入れた人は限られています。ＡＶ女優としては実績があるけど、タレントとしてはゼロからのスタート。たいていＡＶのニオイを削ぎ落とし、ＡＶに出ていた過去を隠そうとするのかもしれません。ただ、私は隠すつもりもなくて。

ＡＶ女優だった私を好きになってくれた人が多いことも知っている。一方で、ＡＶ女優だった私を知っている人が、現在の私を見て「成瀬心美は芸能人ぶっている」「天狗になっている」「ＡＶ女優が芸能人になれるわけない」とか言われることもある。

たしかに、その気持ちもわからなくはない。元ＡＶ女優がテレビやラジオに出て、歌をうたって……。よっぽど私のことが好きじゃないと、むしろガッカリしているんだろうなって考えることも正直あります。私自身、「ＡＶに出ていたときのここみんが好きだった」という人に対しては、身構えてしまうんですよね。うれしい反面、ＡＶも撮らずにタレント業をやっている自分がどう思われているのか。

それでも、〝AV女優の成瀬心美〟で知ってもらえたことも事実だから。最近では、テレビでも「ムフフ女優」とか、いろんな言葉で包み隠したりしていると思うんですが、元AV女優は元AV女優。何年経っても「元」は消えない。有名アイドルグループにいた人だって、「元」という言葉がいつまでもつきまとう。それは仕方がないこと。実際に、それで仕事をもらってお金を稼いできたのだから。

芸能界が大変なことはわかります。だからこそ、私は胸を張って、元AV女優であることを出していきたい。私は私らしく、自然体に……。

「目標は現状維持」と言う理由

現在は、「現状維持」が毎年の課題となっています。

仕事としての目標はずっとないです。毎年、年明けぐらいに「今年の目標はなんですか?」って聞かれるんですけど、いつも「現状維持です」と答えています。

でも、現状維持ってすごく難しいこと。レギュラーで番組をやらせてもらえるようになってからは、続ける難しさを痛感しています。

もちろん、ゼロから1にすることとも大変なんですが、1を続けることってそれ以上に大変かもしれない。たとえば、番組やイベントでも、続けていくうちに途中でマンネリ化するし、見ているほうも飽きてくる。

だから、続けているだけだと、増えるどころか、減っていくことのほうが多いんです。

当然、成瀬心美でいることで知ってくれる人は増えていくのかもしれませんが、デビューしたての頃は「珍しい新人が出てきた」とか「作品にたくさん出演している注目の子」と思ってもらえていたのに、同じように活動していても次第に「ああ、ここみんね」って感じに変わっていく。

たとえ全力で頑張っていても、つねに自分が成長しないと「いいね」とは言ってもらえない。まわりの目も変わっていくから、自分の中では頑張っているつもりでも、意外と響いていなかったり……。要するに、メディアに出続けるためには、思っている以上にもっと頑張らないといけないんです。

それは、私のような仕事に限りません。たとえば漫画や音楽だって、時代が変わって無料にもなっていく中で、昔と同じようにやっていたら見向きもされない。

だから、現状維持といっても日々勉強なんです。新しくなにかをしたいというよりかは、今ある仕事を大切にして、どうレベルアップするのか。つねに進化することで、現状維持ができると思っているから。

それでも幸せに暮らしています!

私はAV女優になったおかげで、自分でも変わったと思います。昔はチビなのに胸が大きいことがコンプレックスでした。まわりからも「お前は胸にぜんぶ栄養がいったんだな」って言われてましたから。身体のラインが出る服は絶対に着れなかったし、電車でも痴漢されやすかったから、それが武器になるなんて思ってもみなかった。コンプレックスだったものが、この業界では「いいね」と言ってもらえる。チビで胸が大きかったからこそ、やれた役もあったと思う。

どんなにコンプレックスを隠しても、現場ではさらけ出さないといけない。身体と身体でぶつかり合う世界にいたから、ありのままの姿を受け入れられるようにもなった。

相手に対してもそう。過去の出来事、恋愛、性癖……どんなカミングアウトをされても驚かなくなりました。たとえ臭くても汚かったとしても洗えばOKじゃん、って(笑)。すべて、その人の個性だと思えるようになったんです。

コンプレックスを愛せるようになると、人生が楽しくなる。

とはいえ、休業して時間ができるようになってからは、この先の人生を考えるようになりました。

やっぱり、AV女優を辞めていちばんホッとしていたのはお母さんなのかなって思う。お母さんは自分を責めていました。それを知ったときに考えたことは、将来自分に娘ができて、「AV女優をやる」と言われたら、どうするのかってこと。私はすごい楽しかったけど、そんなに簡単な世界ではないことも知っている。たぶん、全力で止めるんですよ。でも、「ママもやってたじゃん」と言われたら、返す言葉もない。

もしも、そういう状況になったら、ママがマネージャーをやるし、現場では嫌なことがないか、つねに監視すると思う。撮影中も物陰からずっと覗く(笑)。男優さんにもいろいろいて、中にはぜんぜん相性が合わない人だっています。

だから、「男優さんも私が選ぶぞ」って(笑)。

業界に入るときは、自分の人生がどうなるかなんて考えたこともなかった。だれかが悲しんだりツラい思いをするなんて想像もつかなかった。家族や友人、恋人、その両親……。私がこの仕事をすることで、そんな現実が起こりうることに気づいたんです。たぶん、この先もずっと付きまとってくる悩みなのかもしれない。

今まで後悔なんてしたことがなかったけど、振り返ってみると、私はすごいことをやってしまったんだなって改めて思います。もちろん、現役のときにそんなことを考えていたら、仕事なんてできなくなってしまう。だから、考えないようにもしていたのかなって。

過去は消せない。出演した作品は残るし、だれも知らない街に行くことなんてできない。

とはいえ、ファンはもちろん、私が「成瀬心美」じゃなかったら出会えなかった人たちがたくさんいる。だから、後悔をすることは、すべてを否定することになってしまう。今までの10年が無駄になってしまう。

だから、後悔はしないと決めたんです。

今後も胸を張って、楽しく生きていくこと。AVを辞めてから5年で、それを特に意識するようになったかな。名前を変えて活動することもできたのだろうけど、「スカパー！　アダルト放送大賞」を獲れたことも名誉なことだし、アダルトの世界とかけ離れないようにしながら、いろんなことに挑戦していきたい。

私はずっと前から、「こんな私でも、夢は口に出せば叶う」と言い続けてきました。「スカパー！」の大賞も、ラジオのレギュラー番組も、音楽活動も、実現できるかどうかはわからないけど、自分の想いを大切にしたい。諦めたりしたくない。だからファンの前でも宣言して、前向きに努力してきました。

すると、何かひとつ夢を叶えるたびに、ファンの人たちが「ここみんの頑張る姿に勇気をもらえる」と言ってくれる。私が頑張れば、ファンの人も幸せな気持ちになってくれる。

だから、私はこれからも、夢を見つけて挑戦することをやめたくないんです。

実際のところ、AV女優をやっていたことで、まわりからは心配されることも多かったんです。そんなときにも「ツライ」という言葉だけは絶対に口にしないと決めていました。それを言ってしまったら、単なる〝かわいそうな子〟と見られてしまうから。それは嫌だった。

メディアではネガティブな側面が取り上げられることが多いから、テレビに出演した際も「ツラかったことを中心に話してほしい」とお願いされたこともありました。そのほうが視聴率が良かったり、PVが増えたり、バズったりするのかもしれないけど……。その結果、世間では〝(元)AV女優は不幸じゃなければいけない〟というイメージができてしまうと思う。

ネットでも「お前なんか幸せになれない」とか「絶対に結婚できない」みたいに誹謗中傷されたこともある。そんな中で、元AV女優のみひろちゃんが幸せそうに「結婚しました」という報告をして、勇気をもらいました。

だから、「それでも私は幸せに暮らしていま す」って発信をしていきたいですね。

◆私よりもすごいファンの皆様へ常連の愛があるから辞められない！

成瀬心美として、10年間やってきました。デビュー当初、まだ自分の名前で作品が出せていない頃からファンでいてくれた人がけっこう残っていて、初めてサインをした人もいまだにイベントに来てくれる。サイン第1号って、すごいですよね。

「ファンに年数は関係ない」とはよく言われることだけど、やっぱり期間が長ければ長いほど、いっしょに過ごしてきた時間も長いから……。(イベントに)初めて来たお客さんと常連を差別するなと言われても、「うるせぇ」と思ってしまう(笑)。

家族と、今まで赤の他人だった人を同じように接しろと言われても、絶対に無理じゃないですか。私も表に出せない部分があるし、昔からのファンはそれも含めて知ってくれているから……。

だから、差別をするなって意見は無視して、徹底的に差別するんです。

初めて会った人には「あ、どうも初めまして」と行儀良く挨拶するけど、常連さんには

「もうサインは飽きたでしょ」みたいにサインも書かずに変なイラストを描いたりする。それでも喜んで笑ってくれる。ファンのみんなは、本当に私よりも懐が深くて、受け入れる気持ちが大きいんです。

みんなの気持ちをわかろうと思って、私も好きな芸能人の握手会やコンサートに通ってみたんですけど、そこで気づけたことも多いんです。だからこそ、感謝しています。「ここみんなはいろんなことをやって器用だね」って言われるんですけど、いやいや、それについてくるあなたたちのほうが器用だと思う。

AVをやっています。「応援します」

AVを辞めました。「応援します」

ラジオをやります。「応援します」

パチンコをやります。「応援します」

バンドやります。「応援します」

それって、めちゃくちゃすごいことだと思うんですよね。

ファンの立場って、自分が好きな芸能人の決断しか聞けないんですよ。もしも、私が「もうすぐ引退しようと思っているんだよね」って考えていても、その途中の段階では言えない。

だから、唐突に「私は何月何日で芸能界を引退します」と言ったら、それも受け入れないといけない。もしもファンの人たちが「こうしてほしい」「やっぱり復活してくれ」と言っても、叶えられないことのほうが多い。

AVを引退してから、ファンの人たちをより「すごい」と思うようになりました。私だったら、自分が好きな人に、「パチンコやるからパチンコ屋に集合」とか、「ライブやるからライブハウスに来て曲を聴け。それに合わせて手を挙げろ、声を出せ！」なんて言われても……。なのに、笑顔で「良かったね」なんて、なかなか言えることじゃない。

そう考えると、常連たちのおかげで、私はさみしさもなく、満たされている。私のために全国どこへでも来てくれたりとか、握手のためにチケットを買ってくれたりとか、仕事の有給をとってくれたりとか。ファンには頭が上がらない。

だから、本当は辞めたいタイミングがもっとたくさんあったけど、結局、辞められなかったんですよね。イベントをするとすごい楽しくて。

私が言ったさりげないひと言や表情を覚えてくれていたり、私が描いた落書きみたいなものを大事にしてくれていたり、そういうのを見ていると、どんどん愛しく思えてくるというか……。

友達とか家族じゃ、そんなこと言ってくれ

ないから、すごい居心地が良くて、またイベントをしたいと思っちゃう。だから、常連のみんなに言いたいことは、「本当に今までありがとう」とか「これからもよろしくね」よりも、「お前らすげえな」って。

私が尊敬しているのは、お母さん。そして同じぐらいファンのみんなを尊敬している。

ときには小馬鹿にしたようなことを言ってしまいます。普通の人なら怒ってしまうかもしれないようなことも(笑)。

――それでもここみんはファンを大切にしてくれる。こう言っているけど、本心ではこう思っている。

そんな言葉の奥を感じ取ってくれるんですよね。たぶん、お母さんが知らないようなことまで知っているから。

もしもこの仕事を辞めるときは、ひとりひとりにＬＩＮＥのＩＤを渡して辞めようと思ってるくらい、大切です。この人たちに会えないなんて考えられない。心の拠り所がなくなってしまうからね。恋愛でダメになったときも、仕事でしんどかったときも、Ｔｗｉｔｔｅｒとか生放送をやったらみんなが来てくれる。そんなの居心地が良いに決まっているじゃないですか。

だから、私が辞められないのは、この人たちの愛のせいです!(笑)

だから、なにを言いたいのかって言えば、「やっぱり、おまえらすげえぞ」って。

みんなと会える場所を作りたい

とはいえファンのみんなは、将来、私が本当に辞めたらどうしようと考えているかもしれません。

だからこそ、みんなと会える場所を作りたいという想いはあります。それは飲食店を開くことなのかもしれないし、定期的に開催するイベントなのかもしれない。もしもギャラやチケット代をいただいて、というのが難しいのであれば、勝手にオフ会みたいなことをやればいいだけじゃんってね。

本当はもっとみんなと話したい。私はファンのことを普通に友達だと思っているから、イベントでも「あのとき、こんなことがあってさ〜」みたいな雑談をしちゃうんだけど、その時間さえも買ってもらっているんだって考えると、複雑な気持ちもあるんです。

だから、もしも実現したら、朝までいっしょに飲んじゃうんだから〜!!

Cocomi's Memories

1歳の頃

毎日着せ替え人形のように可愛いお洋服を着せてもらいました。ベビーカーでディズニーランドに行った記憶があります！ 微かな記憶……。

0歳4ヶ月の頃

生まれた頃ですね！ この頃の記憶は勿論ございませんが、お母さん曰く、常に髪の毛が爆発していたそう。よく笑ってて、お兄ちゃんお姉ちゃんに可愛がってもらってた。

9歳の頃

常に外で遊んでいたからこの頃はお肌が焼けていました。このお洋服は妹とお揃いでよく着ていたもの。ミニー好きやな。お正月やお祝いの時にはカニが食べられて幸せだったー！

7歳の頃

よく寝る子です。小学校に入り、毎日友達と外で遊んでは疲れて寝てました。セーラームーンや可愛いコスプレをするのが好きだったなぁ。

3歳の頃

地元の神社の盆踊りは家族で毎年行ってました。美味しそうにビールを飲む両親が好きだったなぁ。浴衣を着せてもらうのにはしゃいでました。後にこの浴衣は妹へ。

キツめのメイク時代

すっぴんロリ時代から一変、ギャル系などメイクや髪型でいろんな役をやらせていただいていた時。忙しく過ごして自信もついてきて、顔が変わりだした頃。

下積み時代

スカパーの放送大賞で悔しい思いをした日。憧れの Rio ちゃんと写真を撮ってもらって、目標や夢ができた夜。この日があって本当によかったな。

SOD 大賞 2011 受賞!

人生で初めてトロフィーをもらえた日。名前も使えず素人系だった私が、成瀬心美という名前で単体女優さんと肩を並べられて夢見心地だった。豪華なお船で授賞式をしたんだよ。

若かりし頃のマネージャーと

この日は確かイベント日。目が急にものもらいになって、眼帯で出て行った私を皆が優しく心配してくれたのを覚えています。マネージャーはこの頃から「痩せる!」が口癖でした。現在80kg。

授賞式前の
緊張のひととき

ず――っとそわそわしていた。頭にラメが積もってますね。テンションあげては気持ち悪くなって、人生で一番緊張したなぁ。ちなみにティアラは 980 円でした……。

スカパー アダルト
放送大賞2012受賞!

この集合写真を見るたびに、いまだに心が震えます。この時点では正直まだ心の整理がついてなかった。皆の悔しさに圧倒され、楽屋で2つのトロフィーを眺めながら賞の重みを感じました。超嬉しかったのよ。世界中に自慢したいくらい! 皆投票ありがとう!

GOODS
#JPGC

ここみんに質問!
20 QUESTIONS

Q.1 寝れない夜は何してる?

ヒーリングミュージックを聴いたり、深呼吸したり。でも結局諦めて起きてることが多い！ １日ぐらい寝なくても人間平気！

Q.2 作詞をするのは、どこで、どんなとき?

家で無音の状態で。何か音があると情景を浮かべられないのです。部屋を真っ暗にすることもあるよ!

Q.3 自分の顔でいちばん好きなところは?

鼻。申し分ない。

Q.4 僕は笑顔が下手です。笑顔の秘訣を教えてください(｀_´)ゞ

私も苦手でした。でも人の笑顔が好きで、自分が笑えば伝染することに気づき、笑うと幸せな気持ちになれるようになりました！

Q.5 休みの日は何をしてることが多いですか?

美容系のメンテナンスかお買い物。基本的には外に出たいです。

Q.6 ここみんを本気で好きなとき、どうやって伝えたらいいですか?

手紙でもSNSでも、好きな気持ちはどんな形だって嬉しいです!

Q.7 仕事モードに入るとき、どうやってスイッチを切り替える?

「よし! ここみん!!」ってやるけど、あまり普段と変わらないかも(笑)。

Q.8 もし未来に残せるCDが5枚しか選べなかったら?

えー!　無理!!　んー……。
サザンオールスターズ「海の Yeah!!」
モーニング娘。「ALL SINGLES COMPLETE ~ 10th ANNIVERSARY」
SHAKALABBITS「CLUTCH」
西野カナ「with LOVE」
mezcolanza「MEZCOLAND」
答えられるんかーい。

Q.9 マネージャーりょたそさんに、いちばん感謝していることはなんですか?

基本的には自由に、私の意見を尊重してくれてきたこと。

Q.10 尊敬する人はだれですか?

お母さん。

Q.11 西野カナさまを好きになったきっかけは何ですか?

着うたです。曲から好きになり、顔、生き方すべての虜なう……///

Q.12 自由に使えるお金が1億円手に入ったらどうする?

ハワイに家を買う!

Q.13 料理が得意なここみんが、よく使うお気に入りの食材は何ですか?

にんにく。これ一択

Q.14 どんなおばあちゃんになりたい?

愛する人と美味しいもの食べて笑っていたい。
ずっと恋して可愛くいたい。

Q.15 ここみんのファンをなにかに例えるなら?

仏。南無

Q.16 男性のどんな仕草に「ドキッ」とか「キュンッ」ってなる?

不意に〝クシャッ〟って笑うところ。

Q.17 「これがないと落ち着かない!」という常備アイテムはありますか?

いつも付けてる御守り代わりのネックレス。

Q.18 今までで究極に悩んだ2択はありますか?

締めは雑炊か麺か……。

Q.19 「やっておいてよかったな」「やっておけばよかった」と思うことを教えてください。

Twitterはやっててよかったと心から思う。
やっておけばよかったのは、
ピアノに英会話に……
数え切れないほどある!(笑)

Q.20 これから挑戦したいことはありますか?

楽器を覚えて作曲してみたい! 頑張る!

最後まで見てくれて、ありがとう!!
いろーんな私、いかがでしたか???
10年経ったけど、これからもバリバリ
行こうと思います♪
なので、これからもよろしゅうにっっ☺
成瀬心美

Special thanks!

coco_kaochan625
daisonyamada
kazu
mat_masa
PB・SUGAWARA
Ryo Shiokawa
tsuyo-shit
xnao0126
yutaan117
YUUKI
秋岡靖久
いづものゆかり
猪苗代 盛達
大久保蓮
かずよし
かつ
かみ
キムにぃ。
唇の住民まぽう
國島嵩弘
くまじろうパパ
けーちゃま
けんじろ～
ここいち
だいぶっつぁん
たかはC
ちゃー
輝
とっつぁん
ともやん
なかた
ばら吉
はるかちゃん
ひろ
ほりまる
みずほ
みっお。君
村上のりー
村瀬 雅一
やす RX-7
りゃん 87111
渡部 幸治

（敬称略・五十音順）

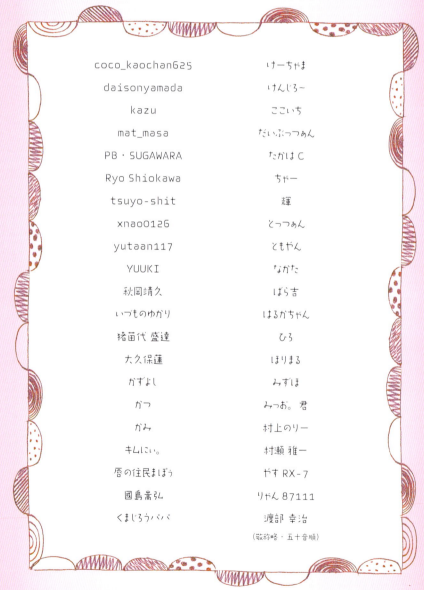

STAFF

Photographer	小野寺廣信（Boulego）
Stylist	松田亜侑美
Hair & Make-up	madoka
Designer	井上将之（miamigraphixx）
Writer	藤井敦年
Editor	岡田タカシ　宮島紘子（TRANSWORLD JAPAN）
Book sales	斉藤弘光（TRANSWORLD JAPAN）
Production manager	今泉亮（T-powers）
撮影協力	ライラ（TRANSWORLD JAPAN）
制作協力	松元大成
	MOCO chan
	RISEL X.O.X.O
衣装協力	Secret Remedy ／ Grunge Glasses（Eye's Press：03-6884-0123）

Cocomi Naruse
成 瀬 心 美

1989年8月10日生まれ。身長147cm。2009年にセクシー女優としてデビュー。2011年に「SOD大賞2011」で優秀女優賞、2012年に「スカパー！アダルト放送大賞」で女優賞と日刊ゲンダイ賞を受賞した。現在ではイベントやタレント業を中心に活動し、オルタナティヴ・ロックバンド"mezcolanza"(メスコランサ)のヴォーカルとして、Cocomi名義でライブやレコーディングも行っている。

thanks
2018年11月27日　初版第1刷発行
2018年12月25日　　　第2刷発行

発行者　佐野 裕
発行所　トランスワールドジャパン株式会社
〒150-0001　東京都渋谷区神宮前6-34-15 モンターナビル
Tel. 03-5778-8599 / Fax. 03-5778-8743
印刷・製本　株式会社シナノパブリッシングプレス

Printed in Japan

ISBN 978-4-86256-247-0

◎定価はカバーに表示されています。

◎乱丁・落丁本は小社送料負担にてお取り替え致します。